AF245836

FRANCIS DE PRESSENSÉ

L'idée de Patrie

CONFÉRENCE FAITE A PARIS

LE 9 FÉVRIER 1899

PRIX : 50 CENTIMES

PARIS

LIGUE FRANÇAISE

POUR LA DÉFENSE DES DROITS DE L'HOMME ET DU CITOYEN

I, RUE JACOB, I

1902

Ligue Française pour la Défense des Droits de l'Homme et du Citoyen

Bulletin officiel de la Ligue des Droits de l'Homme. Tome 1ᵉʳ (Année 1901), un volume avec table alphabétique et analytique, 1 volume relié.............. 20 fr.
1ʳᵉ Assemblée générale de la Ligue des Droits de l'Homme (4 juin 1898), 1 brochure ... » 50
2ᵉ Assemblée générale de la Ligue des Droits de l'Homme (23 décembre 1898), (épuisé) 1 br. » 50
3ᵉ Assemblée générale de la Ligue des Droits de l'Homme (15 juin 1899), 1 brochure .. » 50
4ᵉ Assemblée générale de la Ligue des Droits de l'Homme (23 décembre 1899), 1 br... » 50
5ᵉ Assemblée générale de la Ligue des Droits de l'Homme (2-3 juin 1900) 1 br. 128 pages » 50
Déclaration des Droits de l'Homme et du Citoyen, tableau monté sur gorge et rouleau » 50
La Déclaration des Droits de l'Homme et du Citoyen (1789), (édition Hachette), 1br. 2 »
Droits et Devoirs des Citoyens français, par D. du DEZEN, 1 brochure .... » 50
Le Procès des Assomptionnistes, exposé et réquisitoire du Procureur de la République, 1 volume de 256 pages........ » 50
L'Affaire Fabus et l'Affaire El Ohourfi, par A. BERGOUGNAN .... 1 »
Rapport sur le cas des cinq détenus des îles du Salut, par Joseph REINACH, 1 br. ... » 50
Barrès, par André de SEIPSE, 1 brochure .. » 50
Jules Lemaître, par André de SEIPSE, 1 br. ... » 50
Que l'honneur est dans la vérité, par André de SEIPSE, 1 brochure .... » 50
La Tradition Française, conférence, par C. BOUGLÉ, professeur à l'Université de Toulouse, 1 brochure............... » 50
L'exil d'Aristide, pʳ Maurice POTTECHER, 1 br. » 50

FRANCIS DE PRESSENSÉ

—

L'idée de Patrie

CONFÉRENCE FAITE A PARIS

LE 9 FÉVRIER 1899

—

PARIS

LIGUE FRANÇAISE

POUR LA DÉFENSE DES DROITS DE L'HOMME ET DU CITOYEN

I, RUE JACOB I,

—

1902

L'idée de Patrie

Le 9 février 1899, M. Francis de Pressensé a fait à la salle d'Arras, sous la présidence de M. L. Trarieux, sénateur, ancien ministre de la justice, président de la Ligue française pour la défense des Droits de l'Homme et du Citoyen, une conférence sur l'*Idée de Patrie*.

M. Trarieux a d'abord prononcé l'allocution suivante :

MESDAMES, MESSIEURS,

Nous ne nous étions pas attendus, lorsque nous nous sommes résolus à fonder notre Ligue française pour la défense des droits de l'homme et du citoyen, que nous allions nous exposer à rendre suspect notre patriotisme. C'est cependant, Mesdames et Messieurs, ce que les poussées déshonorantes de l'antisémitisme, ce que les effervescences d'un nationalisme suraigu ont rendu possible et, chose grave, c'est un groupe d'immortels qui a cru devoir dresser autel contre autel et prendre en mains contre nous le prétendu drapeau de la Patrie française. Il paraît que nous sommes devenus de dangereux citoyens, parce que nous nous sommes constitués les défenseurs officieux de la justice! Il paraît que nous répandons des idées dissolvantes et anarchistes autour de nous, parce que nous nous sommes ingérés dans la revision d'un procès où les erreurs pullulent et semblent accompagnées de faux effrayants. Il paraît que le moment est venu d'élever des digues protectrices contre l'audace menaçante de nos excès et de nos violences. Eh bien ! Mesdames et Messieurs, il nous a semblé qu'un pareil réquisitoire méritait une réponse, et c'est cette réponse que nous venons vous donner aujourd'hui. *(Applaudissements.)*

Nous nous sommes interrogés, nous sommes descendus au fond de nos consciences, fort surpris et fort inquiets, mais nous avons aussi cherché à nous rendre compte de l'état d'esprit de ceux qui nous attaquent, et il ne nous a pas été difficile alors de comprendre la cause des dissentiments qui s'élèvent entre ces derniers et nous.

L'histoire de la Patrie, Mesdames et Messieurs, est l'histoire du progrès et de la civilisation; cette histoire a des dates qui ne ne ressemblent pas toujours, et il n'est point exact, il n'est pas vrai qu'on y rencontre la continuité et l'unité des traditions. Ceux qui, comme nous, sont des hommes imprégnés de l'esprit de la Révolution française, ne peuvent pas, évidemment, comprendre les nécessités de la vie sociale comme les peuvent interpréter ceux qui, n'ayant rien appris du temps, se déclarent aujourd'hui, ainsi que leurs prédécesseurs au commencement du siècle, des contre-révolutionnaires; et nous comprenons très bien que nous, qui nous déclarons des fils de 1789, nous ne puissions nous accorder sur bien des questions avec des hommes chez lesquels nous croyons reconnaître les descendants de ces ancêtres du xvi' et du xvii' siècle qui prétendaient maintenir l'unité de la pensée — qu'ils croyaient être l'unité de la Patrie,—par l'association du trône et de l'autel, par les dragonnades et par l'esprit de proscription. *(Applaudissements répétés.)*

. C'est cet historique que vous fera dans quelques instants M .Francis de Pressensé. Il vous montrera que si la Patrie est une,s'il n'y a point deux France, cependant il peut y avoir deux manières de concevoir l'idée de Patrie *(Applau-dissements.* Cris de: *Vive la France!)*

Je ne prétends pas, bien entendu, empiéter sur la conférence qui va vous être faite, et je me borne à ces quelques mots d'introduction. Cependant, avant de donner la parole à notre ami, vous voudrez bien me permettre de saluer ici, au nom de vous tous, sa présence. *(Applaudissements répétés.* Cris de *Vive Pressensé!)* Il nous paraît très calme et le front toujours serein; cependant, moi, je le vois encore tout poudreux et meurtri des luttes vaillantes qu'il vient de traverser un peu sur tous les points du territoire; partout il s'est prodigué sans compter sa peine ni consulter ses intérêts *(Bravos)*, exposant quelquefois sa vie, car il a entendu siffler autour de lui des balles qui pouvaient être meurtrières; il s'est même vu arracher sur le champ de bataille cette croix d'honneur dont il était justement fier! *(Applaudissements.)* Mais il faut dire que s'il a perdu ce signe extérieur de l'honneur, il n'en a en rien été diminué lorsqu'il l'a vu disparaître de sa poitrine, parce qu'il avait déjà autour de sa tête conquis l'auréole! *(Bravos et applaudissements.)* Jusque-là il avait droit au respect de tous; j'ose dire, j'affirme, qu'il s'impose aujourd'hui à notre reconnaissance et à notre affection. *(Applaudissements.)* Partout où il a été, on a senti chez lui l'apôtre, et il n'y a pas eu de plus noble et de plus bel apostolat, car ç'a été l'apostolat de la justice et de la bonté *(Bravos)*, une sorte d'apostolat héréditaire qui lui vaudra plus tard le respect et l'admiration universels. *(Bravos.)*

C'est ainsi que, avant de parler de la Patrie française, il a su la bien servir. Il en a grandi l'idée en la haussant jusqu'aux plus hauts sentiments d'humanité, et c'est parce qu'elle lui est apparue plus grande et plus belle que peut-être dans quelques instants il pourra vous la montrer éloignée de ces sentiments d'exclusion et de proscription dont on nous menace, bienveillante pour tous, faisant appel, non pas à des sentiments d'intolérance qui divisent, qui déchirent et qui tuent, mais à l'esprit de liberté et de justice qui rapproche et unit ! *(Applaudissements enthousiastes.)*

Conférence de M. Francis de Pressensé

MESDAMES, MESSIEURS,

Il pourrait sembler y avoir quelque témérité à venir ce soir devant vous parler de l'idée de Patrie, après que l'autre jour, dans une autre enceinte, devant un autre auditoire, l'académicien Jules Lemaître en avait déjà parlé. *(Rires.)*

Assurément, s'il s'agissait ici d'un tournoi oratoire ou littéraire, s'il s'agissait d'une simple rivalité de talent, je n'aurais garde de m'exposer à des comparaisons qui ne pourraient m'être que désavantageuses. Mais il s'agit ici de tout autre chose: c'est une lutte formidable que celle à laquelle nous assistons, et l'enjeu de cette partie n'est rien moins que l'âme de la France ! A mesure que le dénoûment approche, à mesure qu'on pressent mieux l'avènement d'une lumière implacable, la résistance devient plus forte, et nous assistons à des intrigues et à des complots, sans cesse renaissants contre la vérité. Ceux qui sont le plus directement intéressés dans l'affaire, ceux qui se sentent ou se croient menacés par l'arrêt éventuel de la Cour suprême, ceux-là n'ont reculé devant rien pour retarder l'œuvre de la justice. Nous avons assisté et nous assistons à l'heure actuelle à ce qu'on peut appeler l'insurrection des témoins et des accusés contre les juges. *(Vifs applaudissements.)* Nous avons vu le commandant Esterhazy oser décliner, sous prétexte de partialité, la compétence de la chambre criminelle de la Cour de cassation et intenter une action en récusation contre le juge d'instruction Bertulus pour cause d'inimitié capitale !

Nous avons vu des militaires qui se sont irrités d'avoir été interrogés par des magistrats qui faisaient leur devoir et leur métier de magistrats en les soumettant à des questions, à des interrogatoires précis ; à ce que ces militaires appellent des questions captieuses et insidieuses ! Et il s'est trouvé un homme, un juge, qui a jeté sa toque par-dessus les moulins et sa toge aux orties, qui s'est mis à faire la ronde des antichambres et des corps de garde, et qui est allé épier l'entrée et la sortie des réduits les plus intimes ! *(Applaudissements.)*

Je vous disais, Messieurs, qu'il s'est trouvé un magistrat pour aller à l'office vider le fond des verres afin de surprendre le secret des grogs qui avaient pu être servis à des témoins, et quand il a eu recueilli assez de racontars de valets, d'espions et de gendarmes, il en a fait une gerbe et il l'a offerte à un journal qui est à la fois l'organe officiel de la pornographie française et celui de l'Etat-Major *(Bravos répétés)*, qui s'est empressé de publier ces accusations auxquelles M. Quesnay de Beaurepaire avait ajouté quelques inventions de son crû, plus audacieuses, plus odieuses et plus ridicules que les autres, et auxquelles il avait simplement oublié d'apporter un commencement de preuve. Chose plus lamentable encore ! il s'est trouvé un gouvernement républicain *(Protestations)*..., qui se dit républicain *(Applaudissements)*, pour ramasser ces infâmes accusations, et après avoir fait semblant dans une séance de la Chambre de flétrir ce magistrat, M. Dupuy et M. Lebret ont fait enquêter solennellement sur les imputations qu'avaient apportées M. Quesnay de Beaurepaire ; ils ont eu soin de choisir les hommes qu'ils chargeaient de cette mission, et quand ce trio, trié sur le volet, a apporté les conclusions que vous connaissez, dans lesquelles, tout en rendant hommage à l'honorabilité parfaite et à la correction impeccable des magistrats de la Chambre criminelle, il déclarait qu'ils devaient être dessaisis parce qu'ils avaient été l'objet d'insultes, d'outrages et de calomnies, M. Dupuy et M. Lebret ont déposé sur la tribune de la Chambre un projet de loi qui constitue l'attentat le plus odieux contre les principes fondamentaux de notre législation depuis la loi de Prairial ! *(Applaudissements.)*

Malgré le dégoût avec lequel la commission a rejeté par neuf voix contre deux le projet de loi de M. Dupuy et de M. Lebret, nous ne savons pas trop s'il n'y a pas lieu de craindre que cette Chambre, qui a été élue sous la conspiration du silence et du mensonge, cette Chambre qui a, à son passif, les votes du 27 juillet et du 7 octobre, ne le votera pas en se courbant une fois de plus devant le chantage nationaliste.

Le danger ne serait pas si grand, si l'opinion publique n'avait pas été viciée par une certaine presse. Cette presse — la presse immonde — s'est attachée avec zèle à cette tâche, et nous avons vu des journaux comme *l'Intransigeant, la Libre Parole, l'Eclair* et *la Patrie*, faire assaut de mensonges, taire tous les faits essentiels, répandre des calomnies, empoisonner en un mot toutes les sources de l'esprit public. Et alors on en était arrivé à ceci, qu'en province il régnait une ignorance à peu près complète sur les faits élémentaires de l'affaire Dreyfus, et ceux qui se croyaient les plus avancés ne connaissaient que les fictions, les légendes et les mensonges mis en avant par les nationalistes.

Eh bien ! il est venu un moment où on a pu craindre que la lumière commençât à se faire. Il y avait eu cette grande manifestation en faveur du colonel Picquart, quand les listes de protestations s'étaient couvertes de milliers et de milliers de signatures ; puis, une campagne de publicité, de conférences qui s'était faite sur tous les points de la France ; et alors on avait cru à la légende d'après laquelle ceux que l'on appelait, d'un mot bien impropre et bien fâcheux, les intellectuels, se trouvaient tous du côté du droit et de la justice.

Hélas ! Messieurs, il n'en était rien, et nous l'avons bien vu. Assurément, si l'on voulait considérer la qualité au lieu de la quantité, il nous serait fort possible de revendiquer les intellectuels comme étant avec nous ; mais nous avons bien vu que le gros des intellectuels officiels, des mandarins arrivés, n'étaient pas de notre côté, quand s'est fondée la Ligue de la Patrie française. Elle s'est fondée pour faire contrepoids à notre Ligue de la défense des droits de l'homme et du citoyen. Mais ce n'est pas tout : nous ne pouvons pas oublier qu'il y a eu une coïncidence très frappante entre la fondation de la Ligue de la Patrie française et la sortie tapageuse de M. Quesnay de Beaurepaire. La ligue de la Patrie française a trouvé, elle aussi, son organe officiel, et il s'est rencontré que, par un hasard instructif, c'est l'*Echo de Paris* qui publie les élucubrations du grand délateur national, en même temps que les dissertations de l'académicien patriote.

La Ligue de la Patrie française avait commencé par se fonder sur une équivoque. Elle avait d'abord feint une certaine impartialité entre ce qu'elle appelait deux fractions hostiles. Elle avait tendu ses filets d'un certain côté, vers des hommes qui assurément ne méritaient pas cette injure et qui n'avaient pas fait acte de foi dans ce dogme de l'infaillibilité des conseils de guerre qui semble être l'alpha et l'oméga du *Credo* de ces messieurs. Mais elle a vite été obligée de jeter le masque. Il a été impossible de ne pas remarquer que, dans l'appel qui était fait au public, il n'était pas question du respect dû à la magistrature et à la justice, mais seulement de l'armée, et qu'il y avait des protestations excessives de respect et d'amour, des flagorneries méprisables pour cette armée.

Et puis à côté de cela, il y a eu certains faits signi-
ficatifs. M. Hervé de Kerohant, un royaliste et un catho-
lique, s'est vu exclure, tout simplement parce qu'il a cru
qu'il n'était pas bon de juger le colonel Picquart, avant
que la revision — de laquelle dépendait l'appréciation
judiciaire de ses actes — fût accomplie et qu'il valait
mieux ajourner le conseil de guerre jusqu'au moment où
il pourrait faire acte de justice en pleine lumière et non
acte de vengeance dans les ténèbres. On n'a pas voulu de
son nom dans « la Patrie française ». Nous avons vu
alors partir en guerre l'académicien François Coppée. Je
voudrais pratiquer à l'égard de M. Coppée un peu de cette
charité chrétienne qu'il pratique si peu depuis sa fameuse
conversion... *(Rires.)* Il est fâcheux que, depuis que la
peur de la mort a fait s'incliner M. François Coppée devant une autorité extérieure, il ait perdu toute compassion
pour les autres. Entre deux cataplasmes, il semble que les
potions pharmaceutiques lui montent à la tête et lui
donnent une fièvre patriotique particulière. Il se permet
toute espèce d'accusations et de calomnies contre ceux qui
ne pensent pas comme lui. Il est allé jusqu'à parler d'une
campagne faite à coups de millions !

Eh bien ! je sais que nous pourrions négliger ces insi-
nuations et ces calomnies si, à force de les propager impu-
nément, on n'avait fini par créer dans l'esprit public une
légende qui a fait beaucoup de mal et qui en fait encore.
Mais je laisserai de côté M. François Coppée, adversaire
vraiment négligeable, et je passerai à quelque chose de
plus sérieux.

Je passe à cette manifestation du 20 janvier dernier.
Ce jour-là, on a baptisé en public la Ligue de la Patrie
française ; et rien n'a été plus significatif que cette séance.
On y a d'abord eu le spectacle de l'auditoire lui-même;
c'était un auditoire choisi, trié sur le volet; et il fallait voir

l'enthousiasme avec lequel on saluait toute attaque, tout
accusation contre la plus haute magistrature de ce pays
et, au contraire, avec quelle effusion on célébrait tout
allusion à l'armée française.

Cette séance a donné véritablement la note de son éta
d'esprit, quand l'assistance a insisté avec passion pou
qu'on adjoignît au comité, qui se serait bien passé de c
présent, M. Cavaignac lui-même. *(Cris: à bas la Ca
vagnel)*

On avait chargé M. Jules Lemaître, académicien subtil
de rédiger à loisir et de lire un manifeste, le programm
de la Ligue de la Patrie françaice. Il n'est personne qu
ignore ce que je pourrais appeler l'évolution de M. Jules
Lemaître. M. Jules Lemaître a débuté comme un charman
sceptique, comme un littérateur spirituel, et pendant
longtemps il a déversé le dissolvant de son ironie su
toutes les idées supérieures, y compris, si je ne m'abuse
l'idée de Patrie. Un beau jour, il s'est lassé de mener dans
le vide les pas de ce menuet compliqué auquel il s'es
adonné depuis le commencement de sa carrière littéraire
Il en a eu assez. Il a voulu prendre pied sur le terrai
de l'action. Cet homme, qui jusqu'alors s'était donné l
ragoût d'ajouter au péché le remords, d'assaisonner la
négation, le doute et le blasphème par je ne sais quelle
théologie et je ne sais quelle casuistique, cet homme s'es
donné, à l'heure actuelle, le plaisir d'enrouler, d'enguir
lander les subtilités de son esprit autour des grossiers
lieux communs du chauvinisme à la Déroulède! Et alors
comme il n'a jamais eu le moindre sens de l'impératif
catégorique, comme il n'a jamais subi les convictions lumi
neuses de la conscience, il est bien forcé de s'incliner de
vant ce qui, pour lui, constitue la seule réalité objective,
devant la force, sous tous ses aspects. L'action, il ne la
comprend que sous la forme brutale (il l'a dit l'autre
jour), la conquête, la colonisation, le militarisme. La

Patrie, il ne la comprend que sous la forme simpliste, brutale, de l'armée. Le patriotisme, pour lui, c'est le chauvinisme. *(Vives marques d'approbation.)*

Puisque M. Jules Lemaître s'est risqué à formuler devant nous sa théorie du patriotisme et de la Patrie, je voudrais prendre corps à corps sa théorie, y opposer la nôtre, celle que nous devons à nos pères de la Révolution, et chercher si notre patriotisme n'est pas supérieur au sien, au point de vue même des intérêts de la France. Mais je sais bien qu'il est assez difficile, à l'heure actuelle, de discuter les questions générales, je sais bien que, dans la mêlée confuse où nous nous agitons, il n'est pas très souvent question de principes et d'idées. Les coups, au moins du côté de nos adversaires, se portent plus bas. C'est à l'aide de calomnies, de racontars misérables, d'histoires de grogs et de water-closets *(Rires)*, qu'on prétend trancher cette grande question; et l'on est fort étonné que nous voulions élever un peu le débat et nous attaquer pour une fois aux principes.

Je comprends parfaitement bien l'embarras de nos adversaires quand on veut les forcer à catégoriser et à présenter une doctrine, des principes. En vérité, ils n'ont qu'à jeter un coup d'œil sur leurs propres rangs, qu'à voir les alliés avec lesquels ils marchent, pour constater qu'ils sont dans l'absolue impossibilité de formuler une théorie qui se tienne debout et qui puisse être acceptée par l'aile droite, l'aile gauche et le centre de cette armée composite.

Tout d'abord, je dois répondre à une attaque qu'ils reproduisent sans cesse, et que M. Jules Lemaître, ce matin, a de nouveau formulée dans un article de l'*Echo de Paris*. L'autre jour, M⁰ Saint-Auban, l'avocat de Mᵐᵉ Henry dans le procès qu'elle a intenté à mon ami M. Joseph Reinach, M⁰ Saint-Auban, qui jadis — et je ne lui en fais aucunement un reproche — défendait devant la Cour d'assises certains anarchistes qui avaient été accusés de tentatives de propagande par le fait, après nous avoir traités, nous autres, d'hommes qui étaient penchés sur le coffre-fort de M. Reinach, Me Saint-Auban a bien voulu se demander pourquoi il se trouvait qu'à l'heure actuelle quelques-uns d'entre nous, la plupart d'entre nous, avaient marché dans les réunions publiques avec des anarchistes. Et M. Jules Lemaître, ce matin, dans un de ces articles où il fait semblant d'être un bon rural, bien simple, qui prétend ne reproduire que ce qu'il entend dans son village, les dires du maître d'école, du bon paysan assis au coin de son feu, M. Jules Lemaître, lui aussi, s'est abaissé à faire usage de cette arme. Et il a dit que si le pays, après une légère tendance à accepter la procédure de revision, s'était retourné contre elle avec une défiance absolue, c'était parce qu'on avait vu dans les réunions publiques un certain nombre d'intellectuels marcher à côté d'anarchistes. Je tiens à répondre une fois de plus à cette accusation. J'y ai déjà répondu bien des fois. Je dis que nous avons été extrêmement heureux, quand nous nous rencontrions sur le terrain du droit, quand nous luttions pour la justice, quand nous luttions sur un terrain défini pour obtenir un acte de justice, l'accomplissement d'une réforme, d'un acte qui nous semble indispensable au bien du pays, nous avons été extrêmement heureux de serrer loyalement les mains qui nous étaient loyalement tendues.. *(Applaudissements unanimes.)*

Nous avons été heureux de marcher et de combattre avec ces amis. Et, sans nous faire d'illusions, sans être surtout des hypocrites et des menteurs qui chercheraient à voiler les divergences du présent ou les divergences possibles de l'avenir, nous avons l'espoir très ferme que l'entente, qui a été absolue à un moment donné, sur un terrain donné, ne se rompra pas de sitôt. Il restera des campagnes à faire ensemble, des batailles à livrer, des injustices à réparer et des réformes à faire. Et tant que nous nous trouverons sur ce terrain, nous marcherons ensemble, sans nous préoccuper de tout ce qu'on peut dire contre nous. *(Bravos répétés.)*

Eh bien! Messieurs, en est-il de même de nos adversaires? Ils n'ont qu'à jeter les yeux sur leurs propres rangs. Qu'y voient-ils? Tout d'abord, parmi les principaux champions de leur cause, dans la presse, il y a ce pauvre Rochefort. *(Rires et exclamations ironiques.)* Je dis ce pauvre Rochefort... J'ai bien le droit de lui adresser l'expression de ma compassion à l'heure actuelle, après les émotions si vives par lesquelles il a passé à Marseille *(Nouveaux rires)*, les émotions non moins grandes qui lui ont été infligées à Alger, et alors qu'il a devant lui le problème si délicat à résoudre de savoir par où il pourra bien rentrer en France. *(Hilarité. Vifs applaudissements.)*

Mais enfin, ce n'est pas là ce qui préoccupe ces messieurs. Ils auraient pu se dire qu'il était assez étrange de voir un officier de l'armée française aller sur l'ordre de son chef, le général de Boisdeffre, porter le drapeau chez M. Rochefort; ils auraient pu se dire qu'il était assez étrange de voir l'armée, à l'heure actuelle, et non seulement l'armée, mais le militarisme, défendus par qui? Par l'homme qui, depuis plus de trente ans, n'a cessé de déverser, je ne dis pas l'ironie, mais l'insulte, l'outrage, la calomnie, non seulement sur le militarisme et sur les chefs de l'armée, mais plus encore sur l'institution de la défense nationale, et, à chaque instant, sur la Patrie française elle-même. *(Applaudissements vifs et répétés.)*

Ils sont allés prendre cet homme pour auxiliaire, parce qu'ils avaient besoin de quelqu'un qui pût outrager et calomnier ; et cela ne les a pas arrêtés de penser au passé, aux antécédents de Rochefort!

Ils ont été plus loin encore; ils ont pris un autre auxiliaire, un autre instrument, un autre exécuteur de leurs basses œuvres. Ils ont pris M. Alphonse Humbert. Ils savaient parfaitement que M. Alphonse Humbert n'est autre que l'ex-père Duchêne. *(Exclamations ironiques.)* Ils savaient que, pendant la Commune, il avait fait de la littérature de sang, qu'il avait assassiné, autant qu'on peut le faire avec un écrit, un républicain qui s'appelait Gustave Chaudey; et ils permettent, à l'heure actuelle, à cet homme de venir nous donner des leçons de patriotisme, nous reprocher nos tendances révolutionnaires et parler sur un ton de supériorité à des hommes devant lesquels il ne devrait même pas oser lever les yeux! *(Bravos répétés.)*

Je comprends que, quand on traîne avec soi de pareils auxiliaires, il soit difficile de parler principes, de parler théorie. Il est évident que M. Jules Lemaître aurait quelque peine à présenter une doctrine sérieuse de la Patrie française sur laquelle il pût tomber d'accord avec MM. Henri Rochefort et Alphonse Humbert. *(Sourires.)* D'ailleurs, il n'y a pas que ces deux hommes. Quand il ne se tourne pas à gauche, il n'a qu'à se tourner à droite. Il y trouvera d'autres intellectuels de haute marque, des académiciens illustres qui s'appellent Costa de Beauregard et de Mun *(Sourires ironiques)*, et il pourra leur demander ce qu'ils pensent, eux aussi, du patriotisme français depuis la Révolution; il pourra s'éclairer auprès d'eux sur la façon dont les naturalisés de fraîche date et les internationalistes romains conçoivent le patriotisme français à l'heure actuelle. Certes, pour ma part, je ne suis pas de ceux qui leur reprocheraient, s'ils avaient fait amende honorable, s'ils s'étaient placés sur le terrain véritablement républicain et français, de descendre des émigrés de jadis. On a les pères que l'on peut et non pas ceux que l'on veut. Mais ce que je ne permettrai jamais, c'est que ces hommes-là, sans faire amende honorable, tout en gardant leurs doctrines et leurs passions d'autrefois, en constituant une coterie exclusive, viennent nous donner des leçons de patriotisme et nous apprendre la manière dont il faut servir la France. Cela, nous ne l'accepterons jamais. *(Très bien! très bien!)*

Eh bien ! malgré toutes ces difficultés, et bien que certainement il dût être délicat de parler devant ces quatre hommes assemblés, s'ils avaient été là, on a chargé M. Jules Lemaître de présenter la théorie de la Patrie française au nom de la Ligue qui vient d'être fondée, et, certes, on ne pouvait pas faire un meilleur choix. On savait très bien que M. Jules Lemaître avait autrefois la main très légère, qu'il avait un tour charmant, qu'il était très preste, que personne ne savait comme lui donner et retenir en même temps, qu'il avait la délicieuse coutume de s'ouvrir toujours de petites portes de derrière, qu'il se réservait sans cesse de se dégager par une pirouette, et, après avoir prononcé une parole qui avait l'air sérieuse, de dire le contraire, en ajoutant: « Après tout, cela m'est bien égal et prenez-en ce que vous voudrez ! » *(Très bien, très bien! et rires.)* On a été extrêmement adroit de choisir cet homme-là. Néanmoins les circonstances étaient telles qu'elles ont légèrement pesé sur le talent de M. Jules Lemaître ; et nous avons eu quelque peine dans ce discours, si laborieusement écrit et si littéralement récité, à retrouver le maître prestigieux d'autrefois. Ce n'était plus tout à fait la même chose. M. Jules Lemaître, lorsqu'il est sur le terrain pratique de l'action, de la réalité politique, n'est plus le charmant Lemaître de jadis. Il semble que le contact de ses nouveaux amis l'ait un peu alourdi. Il semble qu'à force d'apprécier le président de la Ligue aînée, M. Déroulède, à force de goûter tout ce qu'il y a de littéraire et de fin dans la production de ce « Barde incorrect » *(On rit)*, il ait perdu un peu de ce goût critique qu'il avait autrefois, lorsqu'il écrivait des pages inoubliables sur Georges Ohnet. Il ne s'agissait point de cela à l'heure présente. Il s'agissait de nous parler sérieusement de choses sérieuses. Que nous a apporté M. Jules Lemaître ? Il a commencé par déclarer que l'amour de la Patrie était un sentiment tout ce qu'il y a de plus fondamental et tout ce qu'il y a de plus sacré. Sur ce point, je crois que peu de gens différeront d'avis avec lui. Il a continué en disant que l'amour de la Patrie, à l'heure actuelle, n'était pas une banalité, un lieu commun, qu'il était en danger, qu'il y avait certaines méchantes personnes qui portaient atteinte au patriotisme dans l'âme française, et qu'il était nécessaire de se jeter de ce côté, d'apporter tous ses efforts à la défense du patriotisme menacé.

Tout cela, c'est très bien ; ce sont des déclarations générales, et il est excessivement difficile, si on ne précise pas, si on ne donne pas des définitions plus exactes, d'entrer en controverse avec M. Jules Lemaître sur ces points. Il est parfaitement certain qu'à l'exception d'un petit nombre de doctrinaires, presque tout le monde tombera d'accord que le patriotisme, dans de certaines limites, défini d'une certaine façon, que le patriotisme appliqué dans de certaines conditions, est une excellente chose, est même une vertu nécessaire, et qu'un peuple est bien malade quand il n'y a plus de patriotisme en lui.

Mais enfin, ce qui aurait été la question, ce qu'il aurait été nécessaire de dire, ce qu'il aurait fallu nous montrer, c'est, d'une part, ce qu'était en soi ce patriotisme auquel M. Jules Lemaître a consacré un panégyrique si éloquent, et, d'autre part, comment ce patriotisme était menacé, de quelle façon il a été battu en brèche par l'effort qui se produit à l'heure actuelle pour obtenir la revision, l'accomplissement d'un acte de justice en France. *(Très bien, très bien!)*

C'est ce que M. Jules Lemaître s'est bien gardé de montrer, et il a eu raison, parce que, s'il avait voulu descendre sur le terrain des définitions, s'il avait voulu véri-

tablement présenter ses idées, faire un exposé complet
du patriotisme tel qu'il le conçoit, je crains fort qu'il n'eût
été contraint d'en venir à ce sophisme grossier, à ce
sophisme qui lui répugnerait quand on le lui présenterait
sous cette forme brutale, et qui consiste à dire ceci: « La
Patrie, c'est l'armée; l'armée, c'est l'Etat-Major; et l'Etat-
Major, c'est les quelques officiers tarés contre lesquels
nous, à l'heure actuelle, nous demandons justice. »
(Applaudissements répétés et prolongés.)

Encore que M. Jules Lemaître ait trop d'esprit et ait
la main trop légère pour se laisser aller à une affirmation aussi grossière, cette affirmation, elle res-
sort, elle perce de toutes parts dans le tissu de son
discours. M. Jules Lemaître ne l'a pas dit en propres
termes, mais c'est ce qui est la prémisse de tous ses rai-
sonnements; et il tire sa conclusion de cette affirmation
implicite. En effet, après avoir chanté plus ou moins élo-
quemment les louanges du patriotisme, après avoir fait
quelques développements sur ce que, chez un peuple qui
a perdu ses convictions d'autrefois, qui n'a plus la foi
religieuse et qui n'a pas encore la foi philosophique, le
seul autel qui doive subsister, c'est l'autel de la Patrie ;
après avoir déclaré en passant — et c'est là une chose
assez curieuse, et sur laquelle peut-être on pourrait polé-
miquer quelque temps, — que la force de la Patrie était
un élément nécessaire parce qu'on se dévouait d'autant
plus à ce qui était plus fort et plus puissant (singulière
parole dans la bouche d'un idéaliste, pour le dire en passant), après nous avoir porté ces diverses déclarations,
M. Jules Lemaître a enfin serré sa gerbe, donné ses conclusions, sous quelle forme? Sous la forme d'un éloge, d'un
panégyrique enthousiaste de l'armée. Il a dit que l'armée, ce
n'était pas seulement le rempart et la force de la Patrie,
que c'était l'essence de la France moderne, l'âme de la
France contemporaine, que l'espoir de la France actuelle,

c'était cette génération d'officiers, qui ont de 25 à 45 ans, bref qu'il n'y aurait plus qu'eux de vivants en France ; et il a dit que la seule force sociale et morale qui restât entière en France, c'était l'armée ; mais ce ne serait pas seulement la seule force sociale, ce serait même, au point de vue intellectul et moral, et sous tous les rapports, le seul pouvoir debout dans notre pays. Je n'hésite pas à dire que, s'il en était ainsi, nous serions singulièrement malades. *(Bravos répétés.)*

Les pays dans lesquels la vie nationale se résume tout entière dans la vie militaire, dans la vie de l'armée, ce sont des pays qui sont sur la pente la plus dangereuse, dans lesquels il est tout naturel que l'armée finisse par absorber tous les pouvoirs publics, par représenter toute la réalité de l'existence nationale, dans lesquels bien vite les *pronunciamientos* deviennent des moyens légitimes de gouvernement.

Je ne sais pas si c'est la pensée de derrière la tête, celle qui est tout au fond de l'esprit de M. Jules Lemaître. Il ne l'a pas avoué, il a même protesté, comme il proteste à certains moments contre les tendances antilibérales et antidémocratiques qu'on pourrait lui prêter. Mais, si l'on voulait serrer de près sa doctrine, on n'y trouverait que ceci : « Vous allez contre le patriotisme en France parce que vous nuisez à l'autorité et au prestige de l'armée ; nuire au prestige et à l'autorité de l'armée, c'est ébranler en France le seul sentiment qui reste intact ; il n'y a plus en France d'autre patriotisme que le respect et l'amour de l'armée. »

Je voudrais, pour un instant, accepter cette étrange théorie, prendre cette prémisse, cet *a priori* vraiment dangereux formulé par M. Jules Lemaître à la salle de la Société d'horticulture, et je me permettrai de lui demander alors, me plaçant sur ce terrain étroit et circonscrit qu'il a lui-même défini, où il voit et où il a vu que dans la campagne menée pour la revision, nous ayons et que l'on ait systématiquement et directement mis en danger à l'heure actuelle l'institution de l'armée. Je me permets de lui poser cette question de la façon la plus formelle ; et alors, ou bien il me dira : on attaque l'armée, on manque au principe élémentaire du patriotisme lorsqu'on n'accepte pas ce dogme de l'infaillibilité d'un conseil de guerre. Je sais bien que M. Jules Lemaître a semblé dire quelque chose de semblable, quand, dans une des parenthèses de son discours, — et vraiment à ce moment, je me suis demandé si ce n'était pas un pince-sans-rire qui voulait, en quelque sorte, réduire à l'absurde la théorie qu'il était censé soutenir — il a osé dire ceci que, pour sa part, il accepterait volontiers l'arrêt de la Cour suprême, si elle lui présentait seulement autant de garanties de compétence et d'impartialité que le conseil de guerre. *(Hilarité prolongée, vifs applaudissements.)*

Je me demande de qui M. Jules Lemaître se moquait. Je sais bien qu'il est difficile de discerner quelquefois si c'est de lui-même ou des autres qu'il se moque. Dans les circonstances présentes, je crois bien, je dois croire que c'était de lui-même, car, enfin, c'était vraiment la chose la plus extraordinaire que de prétendre imposer à ce peuple chez lequel, il le reconnaît lui-même, la foi religieuse n'existe plus dans la forme sous laquelle il le désirerait, cette espèce de foi imbécile dans l'infaillibilité des conseils de guerre. *(Applaudissements.)*

La justice militaire, bien qu'elle diffère essentiellement, d'après Ravary et d'après notre expérience, de l'autre justice, est néanmoins, dans notre pays, établie sur des bases à peu près analogues à celles de la justice civile. Or la justice civile est organisée tout entière en vue du contrôle, de la décision des juges, de l'appel, de la revision possible, et, par conséquent, c'est une bêtise ni plus ni moins de venir nous dire que ce serait attaquer l'armée, attaquer les institutions militaires, manquer au patriotisme que de soumettre à un contrôle, à une revision, une décision prise par les membres d'un conseil de guerre, prise dans les conditions illégales que vous savez, sur la communication de pièces qui n'avaient pas été communiquées à l'accusé et à sa défense. *(Très bien! très bien!)*

Mais passons! Est-ce que l'on prétendra — et cela hélas! on l'a dit bien souvent et on le dit encore, — que nous avons outragé l'armée? Cela se répète constamment, c'est l'un des arguments favoris de nos adversaires ; et je regrette d'avoir à constater qu'un certain nombre de nos amis, de nos partisans, semblent en quelque sorte l'accepter, plaider les circonstances atténuantes et faire amende honorable. Je me permettrai de demander, en prononçant certains noms, où M. Scheurer-Kestner, où notre président M. Trarieux, où Jaurès, où M. Clemenceau, où M. Joseph Reinach, où moi-même, nous avons outragé l'armée. Nous n'avons absolument pas outragé l'armée. Seulement il y a un fait : c'est que, depuis le moment où la revision a été demandée, où M. Scheurer-Kestner est venu chez le ministre Billot et lui a exposé les motifs pour lesquels il demandait la réunion du conseil de guerre pour Esterhazy, depuis ce moment on n'a pas cessé de prétendre dans la presse immonde que nous outragions l'armée, que nous déversions sur elle les insultes et les calomnies.

On a prétendu que déclarer que des chefs pouvaient être responsables, qu'il fallait châtier les coupables, demander compte au général Mercier de ce qu'il avait fait en 1894, et à ses successeurs de leur conduite, et aux généraux Gonse, de Pellieux et de Boisdeffre de leur attitude, c'était outrager l'armée. Est-ce que nous pouvons accepter cela un seul instant sans renoncer à tous les éléments de la liberté et de la Justice? Est-ce qu'on prétendra que nous n'avons pas le droit de tirer les conclusions des faits qui se sont passés sous nos yeux, chacun avec le tempérament qui nous est propre, chacun avec les ardeurs qui nous peuvent être spéciales? Et si nous disions, comme on disait sous le second Empire, sans que personne trouvât cela scandaleux ou mauvais, si nous disions que, parmi nous il y en a un certain nombre qui souhaitent la réforme de nos institutions militaires, qui en ont assez de l'armée comme elle s'est présentée à nous depuis quelque temps, qui ne veulent pas voir se constituer sous leurs yeux cette dictature militariste, telle que nous la verrions si nous n'exigions pas les réformes profondes et la recherche des responsabilités mises en jeu, est-ce qu'on pourrait dire que ce soit une impiété, un sacrilège contre qui que ce soit que de penser et de parler ainsi? C'est au contraire un service à rendre à notre pays, c'est faire notre devoir, c'est agir, non pas seulement dans l'intérêt de la France, mais en faveur même de ce que doit rester dans un pays, én Europe, au XIXe siècle, l'institution militaire. *(Applaudissements répétés et prolongés.)*

Mais enfin, Messieurs, je regrette de m'attarder à une discussion aussi secondaire, et j'ai hâte d'aller plus loin, d'élever un peu le débat et d'opposer à la théorie si médiocre, si maigre, qui a été esquissée par M. Jules Lemaître, du patriotisme tel qu'on doit le professer dans la Ligue de la Patrie française, notre doctrine, à nous, du patriotisme, de ce qu'il comporte et de ce qu'il exige à l'heure actuelle.

Et bien! tout d'abord, je crois qu'il y a une méthode assez bonne pour définir une idée, c'est de s'occuper en premier lieu de l'historique du mot qui permet d'exprimer cette conception.

Le mot Patrie n'existe dans la langue française que depuis un temps assez limité. Ménage pense qu'il n'était entré en France qu'après Henri II. Un auteur du XVIe siècle fait le reproche à Joachim du Bellay de l'avoir employé dans un de ses écrits. D'autre part, M. de Saint-Priest prétendait que c'était sous François 1er, ce roi d'après lui si patriote, que le mot s'était introduit en France. On se trompait.On a constaté qu'il existait dans notre langue dès le xvᵉ siècle, qu'on le trouve dans une Histoire de Charles VII, mais enfin c'était, comme cela s'est produit souvent, un de ces mots savants qui sont venus directement du latin par les littérateurs,et non par le peuple, à un certain moment. Il faut, pour bien comprendre le sens, se rapporter à la signification primitive et originaire.

Le mot Patrie tel que le concevaient les Latins,contient l'idée de père, et c'est un fait assez remarquable que, dans toutes les langues européennes actuelles, on retrouve la même origine : *Vaterland, Fatherland,* partout le mot de père jouant un certain rôle dans la formation du mot qui désigne la Patrie. Cela voulait bien dire évidemment que la Patrie elle-même n'avait été qu'un prolongement de la famille; il y a dans l'idée de Patrie, cela est incontestable, un élément matériel, instinctif, qui n'a rien de volontaire. La Patrie est quelque chose d'antérieur et de supérieur à nous, que nous trouvons en naissant, et nous ne sommes pas absolument libres de l'accepter ou de la rejeter. On naît dans une Patrie comme on naît dans une famille; il y a un élément héréditaire imposé dans la chose, le mot seul l'indique, mais il ne faut pas oublier que les Latins et les Grecs attachaient au mot une idée beaucoup plus spiritualiste, beaucoup plus idéaliste. Ce n'était pas seulement pour eux le lien direct et immédiat de la famille, mais ce qu'ils appelaient les *caritates,* les affections qu'on peut avoir dans le sein de la cité, et je pourrai vous citer des passages d'Eschyle, d'Euripide ou de Platon ayant trait à ces enrichissements successifs de la notion de Patrie, à ces alluvions de notions spiritualistes qui ont fini par en transformer le sens et en faire quelque chose qui ne présente qu'une analogie très restreinte avec le sens primitif, purement matériel, héréditaire, représentant simplement le séjour, de père en fils, de générations sur un sol donné.

Mais il y a un mot en français qui est encore plus instructif sous ce rapport, c'est le mot Patriote. Il a fait son apparition dans notre langue à une époque beaucoup plus tardive que le mot de Patrie. Il ne semble pas que ce soit avant Saint-Simon qu'on le trouve, et Saint-Simon ne l'a employé que dans le sens de bon citoyen. Il s'en sert en parlant de Vauban comme d'un « patriote » qui eut grande compassion des souffrances des pauvres gens. Voltaire, qui a remarqué cet emploi du mot Patriote par Saint-Simon, s'en est servi dans un sens un peu moins restreint. Voltaire a noté que Saint-Simon avait emprunté ce mot à l'Angleterre. En effet, vers ce moment, il s'était formé dans ce pays un parti patriote qui n'était nullement un parti chauvin, un parti pour le maintien exclusif de la Patrie et la défense nationale, un parti Jingo, mais un parti libéral, préoccupé surtout du développement de la liberté. Il avait sa tête Bolingbroke. Un certain élément national y était sans doute représenté, en lutte contre la politique de Walpole, mais le mot Patriote avait déjà perdu tout ce qu'il avait eu de chauvin dans sa signification pour prendre au contraire toute la portée d'un concept de vertu civique, de libéralisme.

En France, le mot a pris son sens complet en 1789. Le parti des Patriotes de 1789, ce n'était pas du tout d'une façon spécifique ni à aucun degré ce qu'on appelle aujourd'hui la Ligue des patriotes... Cela n'avait aucun rapport. C'était au contraire ceux qui désireraient l'achèvement de la Révolution, ceux qui souhaitaient l'avènement de la justice et croyaient que la Patrie ne serait complète que quand elle serait devenue une cité libre, fondée sur la justice. *(Applaudissements.)*

Je regrette amèrement que ce mot Patriote, qui était si beau et sonnait si bien à ce moment, on l'ait légèrement déshonoré dans ces derniers temps. Je regrette de voir un pareil mot employé comme étiquette, comme pavillon qui couvre une triste marchandise par la Ligue de M. Déroulède et de M. Millevoye, d'abord parce que le sens en est plus ample et que ces messieurs le restreignent abusivement, et ensuite parce qu'ils l'altèrent gravement, lorsqu'ils se font une carrière du patriotisme et qu'ils vont périodiquement reconquérir la statue de Strasbourg sur la place de la Concorde ou lorsqu'ils accaparent, pour leurs sordides combinaisons, un mot qui devrait réunir tous les Français, et spécialement les Français libéraux et démocrates. *(Applaudissements.)*

Ce développement verbal, qui a son intérêt, ne saurait suffire à préparer la théorie que je voudrais vous donner du patriotisme. Je crois qu'il y a un autre exposé théorique qu'il faut faire auparavant. Il faut chercher quel a été le développement du sentiment patriotique en soi dans l'histoire de l'humanité. Je ne pourrai le faire ici qu'à grands traits, en esquissant très rapidement cette évolution si longue. Je prendrai mon point de départ dans la tribu. A ce moment-là, l'amour qui lie l'homme à sa tribu n'est que le prolongement de l'égoïsme instinctif, de l'instinct de la préservation personnelle. Il n'y a rien là d'idéaliste, quelque chose de brutal, quelque chose qui se transmet avec le sang, qui n'est pas distinct des conditions physiques de la vie. Mais au-dessus de la tribu, au bout d'un certain temps, se constituent dans l'antiquité des formes absolument distinctes d'Etats. Nous voyons, d'une part, les grands empires asiatiques, et d'autre part, les cités helléniques, ou phéniciennes, ou latines. Dans les grands empires asiatiques, dans les empires des dynasties égyptiennes, assyriennes ou persanes, dans ces grands empires fondés sur la conquête de peuples innombrables, les nations sont broyées dans le mortier par la main puissante d'un Sésostris, d'un Sennachérib, ou d'un Cyrus. Eh bien! il est évident que dans ces immenses empires, où il y avait tant de nations distinctes, de races diverses, il n'y avait pas place pour le moindre patriotisme; il y avait d'une part, en haut, tout en haut, un maître, et, d'autre part, en bas, tout en bas, une foule d'esclaves qui ne songeaient qu'à saisir la première occasion pour secouer le joug du maître. Il n'y avait, il ne pouvait y avoir un atome de solidarité réelle.

Tout au contraire, les cités helléniques sont quelque chose de très restreint, quelque chose de défini dans l'espace par les murs de la ville elle-même. Mais, dans cette enceinte, il naît, il grandit une civilisation intense qui se développe incessamment, et, au bout d'un certain temps, le sentiment qui relie les citoyens d'Athènes ou des villes de l'Ionie ou du Latium à leurs cités, ce n'est plus ce sentiment brutal, purement physique, que vous retrouvez au début sous la forme de l'égoïsme prolongé chez les membres de la tribu, c'est quelque chose de différent, c'est le sentiment d'une supériorité morale, et il est bien évident que quand les orateurs athéniens faisaient appel au patriotisme de leurs citoyens, ils leur représentaient que sur le sol sur lequel ils vivaient il y avait le tombeau de leurs pères, les temples de leurs dieux, la maison où ils vivaient, les œuvres d'art qu'ils pouvaient contempler autour d'eux, mais ils leur disaient surtout qu'Athènes était le foyer de la liberté et de la loi, que la supériorité de la civilisation hellénique éclatait dans ce centre incomparable, et ce patriotisme était devenu quelque chose d'essentiellement moral qui était lié par dessus tout au sentiment d'un idéal réalisé par la cité. *(Vifs applaudissements.)*

Eh bien! sur les bords de la Méditerranée, il est certain que la question à résoudre au cours de l'histoire ancienne a été surtout celle de savoir qui l'emporterait de la forme empire ou de la forme cité. Au premier choc, les Perses ont été repoussés par les Grecs. On a pu croire que cette civilisation hellénique individualiste allait triompher. Athènes a réalisé dans une combinaison magnifique, pour une période trop courte, l'idéal de l'humanité, et Athènes ne l'a pas seulement réalisé dans l'art, dans la religion, mais dans la politique: elle a esquissé cette fédération, cette ligue qui était en quelque sorte la solution préparatoire de cette question si difficile de la cité s'étendant au delà des limites urbaines, devenant empire, sans perdre son caractère propre et sans prendre le caractère des empires asiatiques. Malheureusement Sparte intervint, mit sa lourde main sur les chefs-d'œuvre de la politique athénienne ; elle exploita, sous le prétexte de l'autonomie des cités, les instincts égoïstes, et quand la guerre du Péloponèse fut terminée, elle avait livré d'une façon définitive les Grecs individualistes, ces cités de la Grèce, qui avaient acquis un sentiment de patriotisme si supérieur à tout ce qu'on avait connu autrefois, à l'influence mortelle des empires asiatiques ; et cela sous une forme imprévue. Alexandre représentait bien jusqu'à un certain point la Grèce, mais Alexandre, quand il conquit l'Orient, ne fit que préparer et réaliser la mainmise de l'Orient sur la Grèce. A partir de ce moment, la vie des cités est close, ce patriotisme généreux de Périclès et de Démosthène ne peut plus exister.

Rome a essayé à un moment donné de résoudre à son tour ce problème. Rome était le type achevé des cités où était né le patriotisme le plus parfait qu'on ait jamais vu, patriotisme qui était mélangé par parties égales d'un sentiment héréditaire et matériel et de cet idéal dont je vous ai parlé. Rome, par la puissance même de sa vie de cité, conquit le monde, mais elle fut conquise du même coup par le monde. La cité romaine périt, noyée dans l'empire romain. Celui-ci ne pouvait pas avoir de patriotisme. Il était trop vaste. Toutes les populations qui le composaient avaient des intérêts trop divers, des origines trop diverses, elles n'avaient pas le sentiment commun nécessaire pour réaliser l'idée de la patrie romaine. Cette idée n'a pu prendre corps dans l'espace et dans le temps dans les conditions voulues. L'idéal de la *Pax romana* fut le privilège d'une élite, et quand arriva l'invasion, dès ce jour-là, nous voyons se dissoudre le corps artificiel que la conquête avait fait, disparaître devant les barbares les résultats qu'elle avait obtenus. Le patriotisme glorieux de l'hellénisme avait déjà disparu: la solidarité dont le *Civis romanus sum* était le symbole disparaît sous l'invasion des barbares. C'est alors le recommencement de l'histoire. C'est la réapparition de l'État tel qu'il avait existé à cette époque lointaine dont je vous esquissais l'évolution.

Mais il y a un élément nouveau qui vient compliquer tout le problème, c'est le christianisme. A ce moment, les nations européennes se constituent sous cette forme nouvelle qui est le propre de l'Europe moderne, avec un mélange d'éléments hétérogènes qui fait qu'il n'y a pas une nation européenne qui présente un type ethnologique pur. L'Allemagne elle-même, si fière de son germanisme, n'est pas exempte de ce phénomène et la France présente ce mélange au plus haut degré. L'Eglise atteint l'apogée de sa puissance au moment où on aurait pu croire que les nations allaient prendre conscience de leur unité. Quand, au moyen âge, l'idée de la Patrie va renaître, ce ne sera plus dans les limites étroites de la cité, mais grandie, mais étendue à toute une nation consciente d'elle-même. Cette élaboration est gênée par l'idée de l'Eglise universelle, par celle de la Chrétienté, et surtout par ce fantôme du Saint-Empire romain qui plane sur toute l'Europe. Pendant des siècles, la royauté française seule pétrit et brise dans sa main puissante tous les éléments divers qui constituent la France. Au terme de cette longue activité, la royauté française a créé ce qu'on peut appeler le plus beau corps d'État qui ait existé au monde, l'unité de la France, cette unité qui provient non pas de l'unité de race, car des races très diverses sont mêlées sur son sol, non pas de l'identité de langues, car les dialectes se sont longtemps maintenus, qui ne provient pas davantage de frontières bien définies, car ce n'est pas tel fleuve ou telle montagne qui constitue une borne infranchissable. Ainsi s'est constitué ce corps admirable dont Michelet a donné la description inoubliable dans un des premiers volumes de son Histoire.

A ce moment, quand la monarchie avait accompli son œuvre, son chef-d'œuvre historique, elle avait constitué un pays, elle avait bien constitué un corps, mais à ce corps, il manquait encore une âme et c'est pour cela que le Patriotisme ne pouvait pas encore exister, qu'il ne pouvait pas se rencontrer dans ces luttes entre Bourguignons et Armagnacs, ou au xvi° siècle, dans les guerres de religion, ou, plus tard, avec la Fronde chez Condé et chez ces princes du sang qui ne se faisaient pas faute de passer la frontière et de servir sous le drapeau de l'ennemi, ou avec cette noblesse française de l'émigration qui n'avait pas encore compris le sens de l'histoire de France, qui s'imaginait que la seule Patrie c'était le roi, que la seule Patrie c'étaient ses privilèges. A ce moment-là, il n'y a pas sens de la Patrie, il n'y a pas le Patriotisme, il y avait le corps; mais l'âme n'y avait pas encore été soufflée, comme elle l'a été peu à peu, quand le peuple français a eu la notion de l'idéal qu'il représentait dans ce monde et quand, au xviii° siècle, l'œuvre des philosophes lui a donné cette fière et claire conscience qu'il représentait la raison et la justice. La France a de tout temps été la nation qui était le plus susceptible de recevoir les influences du dehors, mais aussi de les propager à son tour. Son rayonnement s'est mesuré à sa réceptivité. Elle a été l'incarnation du droit, le champion de la justice et de l'idéal.

Cela éclate surtout à partir de 1789. A ce moment, le peuple français avait pris conscience de ceci, c'est que son histoire ne pouvait aboutir, qu'elle ne pouvait avoir de terme logique que dans la réalisation de la justice et de la liberté, et c'est pour cela que les Patriotes de 1789 portaient ce nom, qu'ils pouvaient revendiquer à bon droit. Ils avaient compris qu'en France, à ce jour, au corps merveilleux préparé par nos rois et par nos philosophes, les libéraux avaient soufflé une âme *(Vifs applaudissements.)*

Il semble que cette rapide et très insuffisante esquisse démontre cependant suffisamment qu'il y a une loi historique, et que l'on peut dire que le patriotisme gagne toujours simultanément en compréhension ce qu'il gagne en extension ; il s'élargit, il s'anoblit, il s'agrandit chaque fois que son champ d'action s'étend. Quand on le restreint à la tribu, il est étroit, il est purement physique, il n'est que matériel, et, au contraire, lorsqu'il s'étend à la cité, il a déjà pris quelque chose de plus noble, il a pour support et pour mesure un idéal moral, et, enfin, quand il s'est étendu à la nation, il est devenu ce qu'il doit être dans un pays comme le nôtre, où on ne sépare pas l'amour de la France de l'amour de ce que doit représenter la France dans le monde. *(Nouveaux applaudissements.)*

Mais il me semble qu'il y a ici quelque conclusion à tirer. M. Jules Lemaître a bien voulu faire quelques réserves, il a bien voulu dire que le Patriotisme tel qu'il le définissait n'était à son sens que la manière provisoirement la meilleure d'aimer le genre humain.

Il a eu raison de faire cette réserve, et il n'est pas impossible de dire que de même que, sans verser dans le cosmopolitisme, le Patriotisme ne consiste pas à aimer uniquement et agressivement notre petit pays en haïssant l'étranger, il n'est pas chimérique de pressentir qu'un jour les frontières elles-mêmes pourront disparaître et que les Etats-Unis d'Europe prépareront la grande unité du genre humain. *(Applaudissements.)*

Ce n'est pas tout: il y a une autre considération qui s'impose à nous. Ceux qui nous reprochent notre forme du Patriotisme, qui nous reprochent d'avoir un Patriotisme tel que non seulement il nous permette, mais que même il nous commande de demander toujours le respect des formes de la justice, ne semblent pas se douter que cela n'est pas seulement dans les traditions, mais dans l'intérêt de la France. Car, il faut bien le dire, la France n'est plus ce qu'elle a été. Elle a plutôt rapetissé et, que ce soit par le nombre, par la force, par la richesse, la France n'est peut-être pas absolument sûre de remporter la victoire dans ces combats que l'on prévoit et que l'on provoque, et alors, si elle ne reste pas ou si elle ne redevenait pas ce qu'elle a toujours été, le pays vers lequel les peuples opprimés tournaient leurs regards, s'ils peuvent dirent non plus seulement : La France est trop loin ! mais : Il n'y a plus de France ! nous pouvons mesurer l'affaissement dans lequel elle est tombée et le coup qui lui aura été porté sous le prétexte d'un vain patriotisme, d'un chauvinisme odieux et néfaste aux intérêts réels de notre pays.

Voilà donc, Messieurs, tout un ensemble de considérations qui devaient nous prédisposer à être fidèles à ce qu'était l'esprit de nos pères, à ce qu'était l'esprit de la Révolution, et à ne pas admettre qu'on vienne invoquer devant nous je ne sais quelle raison d'Etat mensongère qui ne résiste pas à un examen attentif. Oui, j'ose le dire, bien loin d'avoir prêté au moindre reproche, à la moindre accusation contre notre Patriotisme par l'attitude que nous avons cru devoir prendre dans cette affaire de la revision, nous prétendons que nous avons agi ainsi parce que nous sommes des Patriotes, et que nous avons agi ainsi en tant que vrais Patriotes, faisant notre devoir envers la

France... Car, enfin, si nous n'étions pas Patriotes, si nous n'aimions pas notre pays, si nous ne croyions pas que ce serait vraiment la banqueroute morale de la France de ne pas agir comme nous l'avons fait, et que ce serait l'éclipse à jamais déplorable d'une grande force qui s'est généralement exercée dans le sens du progrès et du droit ; si nous n'avions pas pensé cela, qu'est-ce qui nous aurait empêchés de nous croiser les bras et de rester tranquilles ?

Assurément, au début de cette campagne, peu d'entre nous se doutaient de ce qui les attendait en se jetant dans la mêlée; il était difficile de prévoir que de tels outrages et de telles calomnies assailliraient ceux qui auraient pris en mains la cause d'un innocent, mais j'ose dire qu'alors même qu'on aurait montré tout ce qui devait se passer ensuite, alors même qu'on nous aurait montré à quels sacrifices, à quels périls nous allions courir, pas un n'aurait lâchement trahi la cause de la justice, pas un n'aurait quitté son poste de combat ! *(Applaudissements.)*

Oui, nous avons une façon d'aimer la France qui n'est pas la vôtre. Oui, nous nous refusons à chanter les litanies d'un chauvinisme imbécile, nous refusons de crier quand on nous le demande et sur ordre : Vive la France ! et Vive l'armée ! Nous ne crions cela qu'à nos heures, quand cela nous plaît, et où et comme nous voulons. *(Applaudissements.)*

Et nous sommes tentés, à cette heure, de dire plutôt : 'Ah ! pauvre France que nous aimons, que de bêtises et que de sottises on dit et on fait en ton nom ! *(Applaudissements.)*

Eh bien ! c'est à ces sottises et c'est à ces crimes que nous ne voulons pas souscrire, que nous ne souscrirons pas. Nous avons cru qu'une question de justice se posait en France, et nous nous sommes crus — tout particuliers que nous fussions — forcés de nous en occuper. Nous avons cru, nous avons pensé que ce serait la banqueroute définitive de la France si l'on ne pouvait pas résoudre cette question et trancher dans le sens de la justice le problème qui s'était posé en 1894. Et c'est pour cela que nous sommes partis en guerre, et c'est pour cela que nous irons jusqu'au bout... Je ne dirais pas toute ma pensée si je n'ajoutais pas qu'il y a autre chose encore qu'une pure question de justice en jeu. Je ne crois pas qu'on aurait réussi à passionner tout un peuple, hélas ! ce n'est pas le peuple tout entier, mais enfin une fraction considérable du peuple, s'il s'était agi uniquement d'une question individuelle de justice

Assurément, ce sera un beau et un grand jour que celui où nous aurons tiré de son tombeau l'innocent qui est à l'île du Diable. *(Applaudissements.)* Ce sera aussi un beau et un grand jour que celui où nous aurons empêché les basses vengeances du militarisme de s'exercer contre le colonel Picquart. *(Applaudissements.)* Mais, enfin, ces deux hommes sont devenus aussi des symboles, ils sont les symboles d'une grande lutte qui se livre à l'heure actuelle. Nous croyions que les puissances de mort étaient définitivement abolies, et maintenant nous avons vu ces spectres sortir de leurs sépulcres, nous les avons vus se promener au grand jour, et ils sont encore bien forts. Ils ont pris des masques, mais, en vérité, ils n'avaient pas grand besoin de les prendre, car il nous importe peu qu'ils s'appellent « nationalisme », « antisémitisme » ou « militarisme ». Sous ces noms détestés, nous savons assez qu'ils ne sont que les formes diverses de cette puissance maudite qui s'appelle le « cléricalisme » ! *(Applaudissements.)*

C'est que, Messieurs, la Révolution, elle n'est jamais finie, et nous avons bien compris une chose, c'est que si, comme libéraux, nous devions nous occuper d'une question de justice ; si, comme Patriotes, nous ne pouvions être indifférents à cette grande lutte pour le droit qui était engagée, il y avait une autre question encore en jeu, et c'était la question du maintien ou de la destruction des conquêtes de la Révolution française ! Car elles sont toutes en jeu ! *(Applaudissements.)* Il faut bien comprendre ceci, c'est qu'on ne se conserve pas une révolution en se contentant d'en défendre les résultats obtenus. Il faut la continuer pour la préserver. La continuer, c'est le meilleur, l'unique moyen de garantir pour l'avenir les résultats acquis par nos pères. *(Applaudissements.)*

Et à l'heure actuelle je n'hésite pas à dire qu'on ne peut être libéral, au sens propre de ce mot, que si l'on consent à aller plus loin, à aller jusqu'au bout, que si non seulement on accepte les faits accomplis, l'héritage des libertés que nos pères ont conquises, mais encore que si l'on est résolu à compléter les premières assises de l'édifice qu'ils ont bâti et qui sont nos libertés politiques par les réformes sociales qui sont l'achèvement nécessaire de leur œuvre. *(Applaudissements.)*

Voilà ce que nous avons compris, parce que nous avons senti l'intime solidarité qui relie toutes ces causes, et parce que nous avons été convaincus qu'à l'heure actuelle on ne peut être bon Patriote sans être libéral sincère, et qu'on ne peut être libéral sincère sans accepter ce programme de rénovation sociale sans lequel il n'y aurait plus de France. C'est parce que nous avons senti cela, que nous nous sommes mis à l'œuvre, décidés à ne pas seulement nous contenter du succès sur un point, mais à continuer jusqu'au bout, tout d'abord sur la question secondaire des responsabilités à établir et des réformes à accomplir, et puis, enfin, à entrer courageusement dans la voie des réformes innombrables qui s'offrent à nous sur le terrain politique et social. *(Applaudissements.)*

Il y avait, en 1792, un officier allemand qui participait à la campagne de France, et il raconte dans une lettre cette aventure curieuse qui lui était arrivée : un soir, il avait bivouaqué avec une compagnie d'un des régiments de l'ar-

mée des émigrés et on y parlait français, et il avait
entendu avec quelque étonnement ces mots : Qui vive?
France! Puis il avait été fait prisonnier par l'armée répu-
blicaine, et il s'était trouvé dans le camp français. Là
encore on parlait français, là encore il entendit : Qui
vive? France!... Il s'était demandé: Mais de quel côté
est la vraie France? et de voir ces deux France côte à côte
et face à face, il s'était étonné. Mais il raconte lui-même
qu'il avait cependant vu dans l'un des corps de garde du
camp républicain la Déclaration des Droits de l'homme
suspendue au-dessus du foyer et qu'alors il s'était dit :
Là est la vraie France! *(Applaudissements.)* C'est pour
cela, Messieurs, qu'en fondant la Ligue pour la défense
des droits de l'homme et du citoyen, nous avons du même
coup assuré, dans tout ce qu'il y a de respectable, le
Patriotisme français. *(Applaudissements prolongés.)*

Tous les assistants se lèvent et font une ovation enthousiaste à l'orateur.

Le président, M. Trarieux a prononcé ensuite ces quelques
mots :

Messieurs,

Je crois qu'on ne peut rien ajouter à ces applaudissements ; il n'y a pas à se rendre l'interprète des sentiments qui sont témoignés avec une pareille chaleur ; cependant, après avoir applaudi M. de Pressensé, je vous
demande de ne pas terminer cette séance sans songer aux
absents ; il y en a trois qui ont été les premières
victimes : il y a Picquart, captif depuis six mois ; il y a
Scheurer-Kestner, gravement malade à Bâle ; il y a Zola,
en exil. Je vous demande, Messieurs, d'adresser à ces trois
hommes...

UNE VOIX. — Et Jaurès.

M. TRARIEUX. — Jaurès a droit, lui aussi, à notre reconnaissance, pour sa contribution à la défense de la justice et du droit ; Jaurès a été, comme beaucoup d'autres, le soldat de la vérité, mais enfin le soldat libre. Je parle de ceux qui, à cette heure, sont des victimes, et je vous demande de vous unir en une pensée de solidarité, d'affection et de reconnaissance à l'adresse de ces trois hommes. *(Salve d'applaudissements.)*

L'Affaire Dreyfus. Les Débats de la Cour de
cassation, 1 gros volume. 3 50
L'Affaire Dreyfus. Le Procès de Rennes (compte
rendu sténographique) 3 gros vol. (ensemble)   15 »
Un Héros (Le lieutenant-colonel Picquart), par
Francis de PRESSENSÉ, député, 1 volume.   3 50
Les Lettres d'un coupable, avec un portrait du
commandant Walsin-Esterhazy, par Henri
LEYRET, 1 volume . . . .   3 »
Le Monument Henry. Liste des souscripteurs
de la *Libre Parole* (*Listes rouges*) classées
par Pierre QUILLARD, 1 volume. 3 50
(Il a été tiré 100 exemplaires sur papier de luxe
qui sont mis en vente au prix de 20 fr. l'un.)
Le Banquet de Lyon, discours de MM. TRA-
RIEUX, président de la Ligue; Jean APPLE-
TON et L. COMTE, 1 brochure . . . .   » 50
Le Procès de la Ligue des Droits de l'Homme
(*Réquisitoire de M.* BOULLOCHE, *Plaidoirie
de M.* TRARIEUX), 1 brochure . . . .   » 50
Le Général Roget et Dreyfus, par Paul MARIE,
1 volume 3 50
Propos d'un Solitaire. (*Les Conseils de Guerre*)
par E. DUCLAUX, membre de l'Institut,
directeur de l'Institut Pasteur; 1 brochure .   » 50
L'Amnistie, conférence par LOUIS HAVET,
membre de l'Institut, 1 brochure . . . . . .   » 50
Le Cléricalisme et l'Affaire Dreyfus, discours
de L. TRARIEUX, 1 brochure . . . .   » 50
Victor Hugo et l'Affaire Dreyfus, par PAUL
STAPFER, doyen honoraire de la Faculté
des Lettres de Bordeaux, 1 brochure . . .   » 50
La Revision du procès Dreyfus. L'enquête
devant la Chambre criminelle, La loi de
dessaisissement. L'arrêt de la Cour de Cassation. L'affaire Dreyfus devant le Conseil
de Guerre de Rennes, par CIVIS, 1 br.   » 50

Imprimerie Valéry, rue Dauphine, 18, Paris.